Sandra und Sabine Arriens

Window-Color
Jugendstilmotive

ENGLISCH
VERLAG

Die Deutsche Bibliothek - CIP-Einheitsaufnahme

Window-Color: Jugendstilmotive. / Sandra Arriens; Sabine Arriens. – Wiesbaden: Englisch, 2001
ISBN 3-8241-1061-X

© by Englisch Verlag GmbH, Wiesbaden 2001
ISBN 3-8241-1061-X

Fotos: Frank Schuppelius
Printed in Italy

Die Ratschläge in diesem Buch sind von den Autorinnen und dem Verlag sorgfältig erwogen und geprüft, dennoch kann eine Garantie nicht übernommen werden. Eine Haftung der Autorinnen bzw. des Verlages und seiner Beauftragten für Personen-, Sach- und Vermögensschäden ist ausgeschlossen.

Inhaltsverzeichnis

Vorwort

Fensterbilder aus Window-Color, die nicht nur durch ihre Transparenz besonders reizvoll sind, sondern auch durch ihre Leuchtkraft Farbe in den Alltag bringen, gewinnen immer mehr an Bedeutung. Mit Window-Color sind Fensterbilder spielend leicht herzustellen. Unsere Motive aus der Zeit des Jugendstils spiegeln die Vielfältigkeit dieser kurzlebigen Epoche wider. Die meisten der Motive sind nicht jahreszeitlich gebunden und deshalb ganzjährig ein reizvoller Blickfang. Besonders schön wirken unsere Motive auf verglasten Türen, Spiegeln und Fensterscheiben.

Viel Spaß beim Gestalten und gutes Gelingen wünschen
Sandra und Sabine Arriens

Material und Werkzeug

Zum Malen mit Window-Color benötigen Sie folgendes Material und Werkzeug:
- Window-Color-Konturenfarbe
- Window-Color-Malfarben
- Malspitze zum Aufschrauben auf die Konturenmittelflasche, 0,7 mm Ø
- Schaschlikspieße
- Wattestäbchen
- Klarsichtfolien DIN A4 (Prospekthüllen aus Polypropylen oder Polyethylen)
- Transparentpapier
- weißes Schreibmaschinenpapier
- Bleistift HB, Radiergummi und Anspitzer
- Klebestreifen
- Permanentstift in Schwarz (Fineliner)
- Stecknadel
- Papiertücher
- Pinsel, ca. Stärke 4
- evtl. kleine leere Plastikflaschen zum Anmischen von Farbe

Grundanleitung

Erstellen der Vorlage

Legen Sie Transparentpapier auf das gewünschte Motiv des Vorlagebogens. Übertragen Sie die Zeichnung mit Bleistift auf das Transparentpapier, das Sie dann über ein weißes Blatt Schreibmaschinenpapier legen und beides zusammen in eine Prospekthülle schieben. Durch das Schreibmaschinenpapier erscheint die Zeichnung deutlicher. Sollten Sie keine Klarsichthülle verwenden, befestigen Sie die Vorlage mit Hilfe von Klebestreifen unter Ihrer Malfolie.

Anlegen der Konturfelder

Setzen Sie auf die Flasche der Konturenfarbe eine Malspitze, und ziehen Sie nun auf der Folie alle Linien Ihrer Vorlage mit Konturenfarbe nach. Halten Sie die Flasche wie einen Bleistift senkrecht nach unten, und drücken Sie leicht und gleichmäßig. Die Konturenfarbe fließt wie ein flüssiger Faden heraus. Legen Sie zum leichteren Arbeiten den Handrücken leicht auf. Die Malspitze kann beim Auftrag der Kontu-

renfarbe Kontakt mit der Folie haben oder etwa 1 cm über der Folie entlang der Linien Ihrer Vorlage geführt werden. Achten Sie bitte auf die Angaben des Herstellers. Auch für die Trocknungszeit der Konturenfarbe sollten Sie sich nach den Angaben des Herstellers richten.

Ausmalen der Farbflächen

Sind die Konturlinien getrocknet, können Sie mit dem Ausmalen der Flächen beginnen. Tragen Sie die Farbe direkt mit der Flasche in den entsprechenden Feldern auf. Passen Sie den Farbauftrag der Stärke Ihrer Konturlinien an, denn es sollte keine Farbe über die Konturlinien fließen. Hilfreich sind dabei Schaschlikspieße, mit denen man die Farbe sorgfältig bis an die Konturen heranziehen kann. Mitunter genügt ein kleiner Farbtropfen an der Spitze des Schaschlikspießes, um kleine Flächen zu füllen. Zwischen Farben und Konturlinien dürfen keine Lücken verbleiben, damit später das fertige Window-Color-Bild beim Ab-

ziehen von der Folie nicht einreißt. Richten Sie sich für die Trocknungszeit der Window-Color-Farben nach den Angaben des Herstellers. Dann können Sie das Motiv von der Malfolie abziehen und am Fenster platzieren.

Tipps zum Malen mit Window-Color

• Zum Malen mit Window-Color sind nicht alle Folien geeignet. Entweder Sie verwenden die vom Hersteller angebotenen Folien, oder Sie malen auf Polyethylen- (PE), Polypropylen- (PP) oder Geschenktransparentfolie. Folien aus PVC sind ungeeignet, da sich das fertig gemalte Window-Color-Bild nur sehr schwer abnehmen lässt.

• Sollten Sie sich beim Nachziehen der Konturlinien vermalen, können Sie die Konturenfarbe im feuchten Zustand mit einem Wattestäbchen entfernen. Führen Sie dazu Drehbewegungen mit dem Wattestäbchen aus. Überschüssige Konturenfarbe lässt sich nach dem Trocknen einfach von der Folie abziehen.

• Window-Color-Farben sollten niemals geschüttelt werden, da sich sonst Luftblasen bilden, die im fertigen Bild unschön wirken. Bewahren Sie die Flaschen daher am besten auf dem Kopf stehend auf.

• Luftblasen, die beim Malen entstehen, können in der noch feuchten Farbe sofort mit einer Nadel aufgestochen werden. Die Farben bilden je nach Raumtemperatur sehr schnell ein Häutchen an der Oberfläche, und dann lassen sich die Luftblasen nicht mehr unsichtbar entfernen.

• Die Farbe „Kristallklar" sollten Sie innerhalb eines Window-Color-Bildes nur von einem Hersteller verwenden, da diese Farbe von den einzelnen Herstellern recht unterschiedlich ausfällt.

• Wenn Ihnen die Window-Color-Farbe über die Konturlinie getreten ist, können Sie nach dem Trocknen der Farbe die Konturlinie mit einem Permanentstift korrigieren.

• Sollte die Raumtemperatur zu hoch sein, vor allem im Sommer, ist es schwierig, fertig gemalte Bilder von der Folie abzulösen. Legen Sie das Bild einfach für ein bis zwei Minuten in den Kühlschrank. Anschließend löst es sich fast von selbst von der Folie.

• Am Fenster haftende Bilder müssen zum Putzen der Scheibe nicht entfernt werden, man kann einfach darüber wischen.

• Bilder aus Window-Color, die mehrmals angebracht und abgezogen worden sind, verlieren etwas von Ihrer Haftfähigkeit. Durch Anfeuchten der Haftfläche bekommt das Window-Color-Bild wieder neuen Halt.

• Bewahren Sie Ihre fertig gemalten Bilder zwischen zwei Folien oder in einer Klarsichthülle auf. Papier haftet auf den Motiven und lässt sich nicht wieder ablösen. Gleiches geschieht, wenn Window-Color-Bilder ohne trennende Folie direkt aufeinander gelegt werden.

Blüten und Ranken

1. Rosen

Material:
- Konturenfarbe in Schwarz
- Window-Color in Rot, Gelb, Orange, Olivgrün, Braun und Kristallklar
- Schaschlikspieß

Anleitung:

Schieben Sie die Vorlage unter eine Folie, und ziehen Sie die Konturen des Motivs mit Konturenfarbe nach. Wenn die Konturlinien getrocknet sind, malen Sie die einzelnen Farbflächen aus. Die beiden Innenflächen der Rosenknospen werden mit Rot und Orange ausgemalt, die äußeren Blütenblätter mit Gelb. Die Blätter werden grün, die Stängel braun ausgefüllt. Verwenden Sie einen Schaschlikspieß für die kleinen Farbfelder, um die Farbe zu verteilen. Die durchsichtigen Flächen füllen Sie mit Kristallklar aus. Auf diese Weise lässt sich Ihr Bild nach dem Trocknen als einheitliche Fläche von der Folie abziehen.

2. Mohnblüte

Material:

- Konturenfarbe in Schwarz
- Window-Color in Rot, Olivgrün, Dunkelgrau und Elfenbein
- Schaschlikspieß

Anleitung:

Nachdem Sie die Vorlage unter eine Folie geschoben haben, werden die Konturlinien des Motivs mit Konturenfarbe nachgezogen.

Lassen Sie die Farbe gut trocknen, und beachten Sie dazu die Angaben des Herstellers. Mit Hilfe eines Schaschlikspießes tragen Sie die Farben in den jeweiligen Flächen auf. Für die Blütenmitten verwenden Sie Dunkelgrau, für die Blütenblätter Rot, für die Stängel Grün, und alles Übrige füllen Sie mit Elfenbein aus. Nach dem Trocknen der Farben kann das Bild problemlos von der Folie abgenommen werden.

3. Maiglöckchen

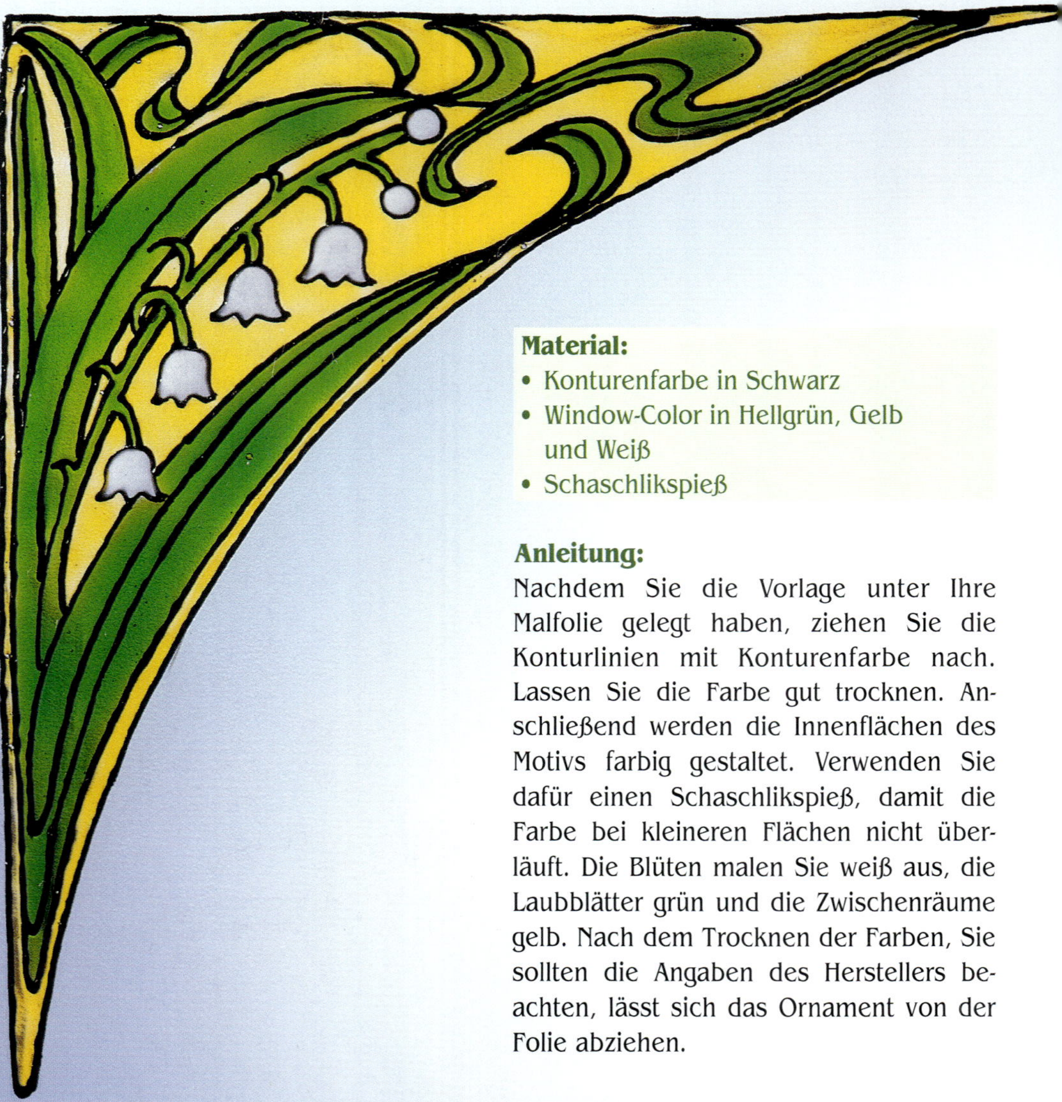

Material:
- Konturenfarbe in Schwarz
- Window-Color in Hellgrün, Gelb und Weiß
- Schaschlikspieß

Anleitung:

Nachdem Sie die Vorlage unter Ihre Malfolie gelegt haben, ziehen Sie die Konturlinien mit Konturenfarbe nach. Lassen Sie die Farbe gut trocknen. Anschließend werden die Innenflächen des Motivs farbig gestaltet. Verwenden Sie dafür einen Schaschlikspieß, damit die Farbe bei kleineren Flächen nicht überläuft. Die Blüten malen Sie weiß aus, die Laubblätter grün und die Zwischenräume gelb. Nach dem Trocknen der Farben, Sie sollten die Angaben des Herstellers beachten, lässt sich das Ornament von der Folie abziehen.

4. Blaue Blüten

Material:

- Konturenfarbe in Schwarz
- Window-Color in Violett, Weiß, Kristallklar, Mittel- und Dunkelblau
- Schaschlikspieß

Anleitung:

Schieben Sie Ihre Vorlage unter eine Folie, und zeichnen Sie die Umrisslinien auf der Folie mit Konturenfarbe nach. Lassen Sie die Konturenfarbe gut trocknen. Anschließend füllen Sie die einzelnen Farbflächen mit Window-Color aus. Verwenden Sie dafür einen Schaschlikspieß, und orientieren Sie sich für die Farbgebung an der Abbildung. Die Farben der Blüten, Violett und Weiß, werden in noch feuchtem Zustand mit Hilfe des Schaschlikspießes ineinander verzogen. Die Zwischenräume werden mit Kristallklar ausgefüllt. Ist das Bild trocken, können Sie es unbeschadet von der Folie nehmen.

5. Arrangement aus Tulpen

Material:

- Konturenfarbe in Schwarz
- Window-Color in Orangerot, Gelb, Dunkelgrün und Kristallklar
- Schaschlikspieß

Anleitung:

Zeichnen Sie die Konturlinien des Motivs mit Konturenfarbe, nachdem Sie die Vorlage unter eine Folie gelegt haben. Die Konturenfarbe muss gut getrocknet sein, bevor Sie mit dem Ausmalen der Innenflächen beginnen können. Verwenden Sie zum Malen einen Schaschlikspieß, um die Farbe zu verteilen. Die Blüten werden orangerot, die Stängel grün und der äußere Rahmen gelb gestaltet. Für die Zwischenräume des inneren Vierecks verwenden Sie Kristallklar. Sind alle Farben gut ausgetrocknet, lässt sich das Bild von der Folie abziehen.

6. Drei Tulpen

Material:
- Konturenfarbe in Schwarz
- Window-Color in Rot, Elfenbein, Weiß, Olivgrün und Hellgrün
- Schaschlikspieß

Anleitung:

Platzieren Sie Ihre Vorlage unter einer Malfolie, und ziehen Sie die Konturlinien mit Konturenfarbe nach. Ist die Farbe getrock- net, beginnen Sie mit Hilfe eines Schasch- likspießes mit dem Ausmalen der ein- zelnen Farbfelder. Für die Blütenblätter verziehen Sie Rot und Weiß in feuchtem Zustand mit dem Schaschlikspieß. Die Laubblätter werden abwechselnd in den beiden Grüntönen gestaltet, der äußere Rand in Rot. Die Innenfläche füllen Sie mit Elfenbein aus. Nach dem Trocknen der Farben können Sie das Bild von der Folie lösen.

7. Ackerwinde

Material:
- Konturenfarbe in Schwarz
- Window-Color in Rosa, Weiß, Olivgrün, Gelb und Perlmutt
- Schaschlikspieß
- evtl. leere Plastikflasche zum Malen

Anleitung:

Zuerst legen Sie die Konturen des Motivs fest. Dafür platzieren Sie die Vorlage unter eine Folie und ziehen die Umrisslinien mit Kontu-renfarbe nach. Ist die Farbe getrocknet, füllen Sie die Innenflächen farbig aus. Erscheint Ihnen das Rosa zu kräftig, können Sie es in der leeren Plastikflasche mit Weiß mischen. Dabei ist das Mischungsverhältnis Weiß zu Rosa ungefähr 2:1. In die Mitte der großen Blüte wird etwas Gelb getupft. Malen Sie das Bild gemäß der Abbildung fertig aus. Nach Einhalten der Trocknungszeit, beachten Sie die Angaben des Herstellers, nehmen Sie das Bild von der Malfolie ab.

Ornamente

8. Glockenblume

Material:
- Konturenfarbe in Schwarz
- Window-Color in Pink, Kristallklar, Hell- und Mittelblau
- Schaschlikspieß

Anleitung:

Platzieren Sie die Vorlage unter Ihrer Malfolie, und ziehen Sie die Konturlinien des Motivs mit Konturenfarbe nach. Ist die Konturenfarbe getrocknet, gestalten Sie das Ornament farbig aus. Nehmen Sie dafür einen Schaschlikspieß zu Hilfe. Die Blüten werden mit Hellblau, die übrigen Ranken mit Mittelblau beziehungsweise Pink ausgemalt. Die Zwischenräume füllen Sie mit Kristallklar aus. Umgeben Sie auch die freiliegenden Ranken mit Kristallklar, damit das Ornament Stabilität erhält und sich nach dem Trocknen gut von der Folie ablösen lässt.

9. Weintrauben

Material:

- Konturenfarbe in Schwarz
- Window-Color in Dunkelblau, Violett, Olivgrün, Dunkelbraun, Hellbraun, Bernstein und Elfenbein
- Schaschlikspieß
- evtl. leere Plastikflasche zum Malen

Anleitung:

Ziehen Sie die Konturen der Weintrauben mit Konturenfarbe nach, schieben Sie zuvor das Motiv unter Ihre Malfolie. Lassen Sie die Konturlinien gut trocknen, bevor Sie das Bild farbig aus- malen. In einer leeren Plastikflasche mischen Sie die Farbe für die Beeren. Sie besteht aus Dunkelblau und Violett im Mischungsverhältnis 1:4. Natürlich können Sie auch einen fertig gemischten Farbton verwenden. Malen Sie dann das Motiv mit Hilfe des Schaschlikspießes aus. Für die helleren Ranken verwenden Sie Hellbraun und Bernstein, die Zwischen- räume werden mit Elfenbein ausgefüllt. Für alle übrigen Farbflächen orientieren Sie sich an der Abbildung. Nach dem Trocknen können Sie das Bild von der Folie abziehen.

10. Schmetterlinge

Material:

- Konturenfarbe in Schwarz
- Window-Color in Rosa, Weinrot, Lila, Hell- und Dunkelblau, Rot, Orange, Bernstein, Braun und Kristallklar
- Schaschlikspieß

Anleitung:

Legen Sie die Folie auf Ihre Vorlage, und ziehen Sie die Konturlinien der Schmetterlinge mit Konturenfarbe nach. Wenn die Farbe getrocknet ist, malen Sie die Innenflächen mit Hilfe des Schaschlikspießes bunt aus. Für die schillernden Farbflächen des blauen Schmetterlings werden Rosa und Mittelblau in feuchtem Zustand ineinander verzogen. Die Flügel des braunen Schmetterlings bestehen zum größten Teil aus Bernstein. Für die übrige Ausgestaltung der Schmetterlinge richten Sie sich nach der Abbildung. Die Zwischenräume werden mit Kristallklar gefüllt. Nach einer ausreichenden Trocknungszeit, richten Sie sich nach den Angaben des Herstellers, lassen sich die Schmetterlinge von der Folie abziehen.

11. Rosenstrauch

Material:

- Konturenfarbe in Schwarz
- Window-Color in Rot, Gelb, Weiß und Olivgrün
- Schaschlikspieß

Anleitung:

Legen Sie die Vorlage unter die Folie, und ziehen Sie die Konturlinien des Motivs mit Konturenfarbe nach. Nachdem die Konturenfarbe getrocknet ist, beachten Sie hierzu die Angaben des Herstellers, füllen Sie die Innenflächen farbig aus. Verwenden Sie dafür einen Schaschlikspieß, um ohne Überzumalen auch kleinere Flächen gestalten zu können. Für die Blütenmitten mischen Sie neben Ihrem Motiv auf der Folie Weiß mit etwas Gelb. Die Blütenblätter werden mit Rot, die Laubblätter mit Grün und alles Übrige mit Gelb ausgefüllt. Nach dem Trocknen der Farben können Sie das Bild von der Folie lösen.

12. Drei Rosen

Material:
- Konturenfarbe in Schwarz
- Window-Color in Rot, Orangerot, Grün und Kristallklar
- Schaschlikspieß

Anleitung:
Die Konturen des Motivs werden mit Konturenfarbe auf der Folie nachgezogen, nachdem Sie Ihre Vorlage unter die Folie geschoben haben. Lassen Sie die Konturenfarbe gut trocknen. Dann malen Sie die einzelnen Farbfelder mit Hilfe des Schaschlikspießes aus. Die äußeren Blütenblätter werden mit Orangerot, die inneren mit Rot gestaltet. Laubblätter und Stängel malen Sie mit Grün, die hellen Zwischenräume füllen Sie mit Kristallklar. Sind alle Farben gut durchgetrocknet, können Sie das Bild von der Folie abziehen.

13. Tulpenblüte

Material:
- Konturenfarbe in Schwarz
- Window-Color in Rot, Elfenbein, Olivgrün, Dunkelgrün und Kristallklar
- Schaschlikspieß

Anleitung:
Nachdem Sie die Vorlage unter Ihre Malfolie geschoben haben, ziehen Sie die Konturlinien mit Konturenfarbe nach. Ist die Farbe getrocknet, malen Sie die Innenflächen mit Hilfe eines Schaschlikspießes farbig aus. Die Tulpenblüte wird mit Rot und Elfenbein gestaltet. Verziehen Sie die Farben ineinander, solange sie noch feucht sind. Die Ranken füllen Sie mit den beiden Grüntönen aus, alle Zwischenräume mit Kristallklar. Ist das Bild getrocknet, können Sie es ganz leicht von der Folie abziehen.

14. Tulpen-Ornament

Material:

- Konturenfarbe in Schwarz
- Window-Color in Orangerot, Gelb, Olivgrün und Kristallklar
- Schaschlikspieß

Anleitung:

Zuerst schieben Sie Ihre Vorlage unter die Malfolie, dann ziehen Sie die Umrisslinien des Motivs mit Konturenfarbe nach. Lassen Sie die Farbe gut trocknen. Anschließend malen Sie die Innenflächen mit dem Schaschlikspieß farbig aus. Für die Tulpenblüte verziehen Sie Rot und Gelb in feuchtem Zustand ineinander. Die Ranken malen Sie grün beziehungsweise gelb aus, die Zwischenräume werden mit Kristallklar ausgefüllt. Wenn die Window-Color-Farben gut durchgetrocknet sind, lässt sich das Bild von der Folie abziehen.

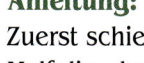

15. Äpfel

Material:
- Konturenfarbe in Schwarz
- Window-Color in Gelb, Rot, Orange, Hellbraun, Olivgrün und Kristallklar
- Schaschlikspieß

Anleitung:

Schieben Sie die Vorlage unter eine Folie. Dann werden alle Konturlinien des Motivs mit Konturenfarbe nachgezogen. Die Farbe sollte gut trocken sein, bevor Sie das Motiv weiter ausmalen. Mit dem Schaschlikspieß gestalten Sie zuerst die Äpfel mit Gelb und etwas Orange. Verziehen Sie die Farben ineinander, solange sie noch feucht sind. Geben Sie ganz wenig Rot hinzu. Die Blätter malen Sie mit Grün, die äußere Ranke je nach Geschmack mit Gelb oder Orange aus. Die Zwischenräume werden mit Kristallklar ausgefüllt.

Lassen Sie das Bild gut trocknen, dann können Sie es von der Folie abnehmen.

16. Pfirsiche

Material:
- Konturenfarbe in Schwarz
- Window-Color in Gelb, Rot, Olivgrün, Rosa und Kristallklar
- Schaschlikspieß
- evtl. leere Plastikflasche zum Malen

Anleitung:
Legen Sie die Malfolie über Ihre Vorlage, und ziehen Sie alle Konturlinien mit Konturenfarbe nach. Lassen Sie die Farbe gut austrocknen, bevor Sie mit der farbigen Gestaltung des Bildes beginnen. Dafür verwenden Sie einen Schaschlikspieß. Die Grundfarbe der Pfirsiche besteht aus Gelb und Rosa. Diese Farben werden im Verhältnis 1:1 in der leeren Plastikflasche gemischt. Sie können natürlich auch einen fertigen Gelbton verwenden. Verziehen Sie etwas Rot in der aufgetragenen feuchten Farbe der Pfirsiche, um Farbakzente zu setzen. Sind alle Flächen ausgemalt, füllen Sie die Zwischenräume zwischen Schleife und Ornament mit Kristallklar, damit das Motiv Stabilität erhält. Nach dem Trocknen lässt es sich von der Folie lösen.

Landschaften

17. Sanddünen

Material:
- Konturenfarbe in Schwarz
- Window-Color in Gelb, Rosa, Elfenbein, Rot, Orange, Olivgrün, Hell- und Dunkelbraun
- Schaschlikspieß
- evtl. leere Plastikflasche zum Malen

Anleitung:

Schieben Sie die Vorlage unter Ihre Malfolie, und ziehen Sie alle Umrisslinien mit Konturenfarbe nach. Die Farbe muss gut trocknen, bevor Sie die einzelnen Farbfelder ausmalen können. Benutzen Sie hierfür einen Schaschlikspieß. Aus Gelb und Rosa mischen Sie im Verhältnis 1:1 die Grundfarbe des Himmels. Geben Sie zusätzlich etwas Rosa in den Farbauftrag. Diese Farbe verwenden Sie auch für die übrigen Flächen der Landschaft, die Brauntöne werden dadurch etwas weicher. Verziehen Sie die Farben immer in feuchtem Zustand. Haben Sie das Bild fertig ausgemalt, lassen Sie es gut durchtrocknen. Anschließend können Sie es von der Folie lösen.

18. Im Abendschatten

Material:
- Konturenfarbe in Schwarz
- Window-Color in Gelb, Rosa, Dunkelgrau, Weiß, Rot, Hell- und Dunkelbraun, Türkis, Weinrot, Hell- und Dunkelblau
- Schaschlikspieß
- evtl. leere Plastikflasche zum Malen

Anleitung:
Nachdem Sie die Vorlage unter Ihrer Folie platziert haben, ziehen Sie die Konturlinien mit Konturenfarbe nach. Ist die Farbe ausgetrocknet, beginnen Sie mit dem Ausmalen. Für die Farbe des Himmels mischen Sie Gelb und Rosa, zusätzlich ziehen Sie mit dem Schaschlikspieß etwas Dunkelblau in die feuchte Farbe ein. Die Mischung aus Gelb und Rosa verwenden Sie auch für die Bergspitzen und den unteren Teil der Landschaft. Für das Wasser werden folgende Farben ineinander verzogen: Dunkelgrau, Dunkelblau, Türkis, Rosa, Weiß und Hellblau. Arbeiten Sie das Motiv gemäß der Abbildung zu Ende, und lassen Sie es gut trocknen. Anschließend kann man es von der Folie abziehen.

Frauengestalten

19. Frau im Abendkleid

Material:
- Konturenfarbe in Schwarz
- Window-Color in Gelb, Orange, Rosa, Weiß, Hautfarbe, Rot, Gold, Olivgrün, Dunkelgrün, Hell- und Dunkelbraun
- Schaschlikspieß
- evtl. leere Plastikflasche zum Malen

Anleitung:
Nachdem Sie die Vorlage unter Ihre Folie geschoben haben, werden die Konturlinien mit Konturenfarbe nachgezogen. Die Konturenfarbe muss getrocknet sein, bevor Sie die einzelnen Farbfelder mit Hilfe des Schaschlikspießes ausmalen können. Für den Hintergrund mischen Sie Gelb und Rosa in einem Mischungsverhältnis von 1:1. Natürlich können Sie auch einen bereits fertig gemischten Farbton Ihrer Wahl verwenden. Für die übrigen Farbflächen orientieren Sie sich an der Abbildung. Dann muss das Bild trocknen. Beachten Sie hierzu die Angaben des Herstellers. Danach kann das Bild von der Folie gelöst werden.

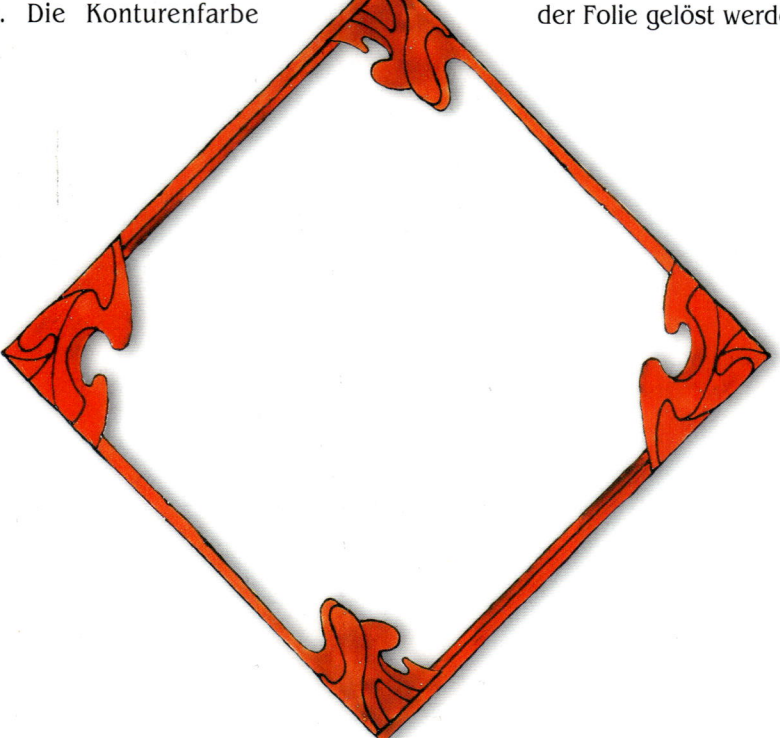

20. Frau im grünen Gewand

Material:
- Konturenfarbe in Schwarz
- Window-Color in Grün, Olivgrün, Gelb, Weiß, Hautfarbe, Rot, Rosa, Gold, Rotbraun, Hell- und Dunkelbraun
- Schaschlikspieß
- evtl. leere Plastikflasche zum Malen

Anleitung:

Mit der Konturenfarbe werden die Umrisslinien des Motivs nachgezogen, nachdem Sie die Vorlage unter Ihre Malfolie geschoben haben. Halten Sie die vom Hersteller angegebene Trocknungszeit der Farbe ein, und malen Sie dann mit Hilfe eines Schaschlikspießes die Farbflächen aus. Für den Hintergrund mischen Sie Rosa und Gelb im Verhältnis 1:1. In den Grünton des Gewandes ziehen Sie etwas Olivgrün in die feuchte Farbe. Für die farbige Gestaltung der übrigen Flächen halten Sie sich an die Abbildung.

Lassen Sie das Bild gut austrocknen, bevor Sie es von der Folie abziehen.

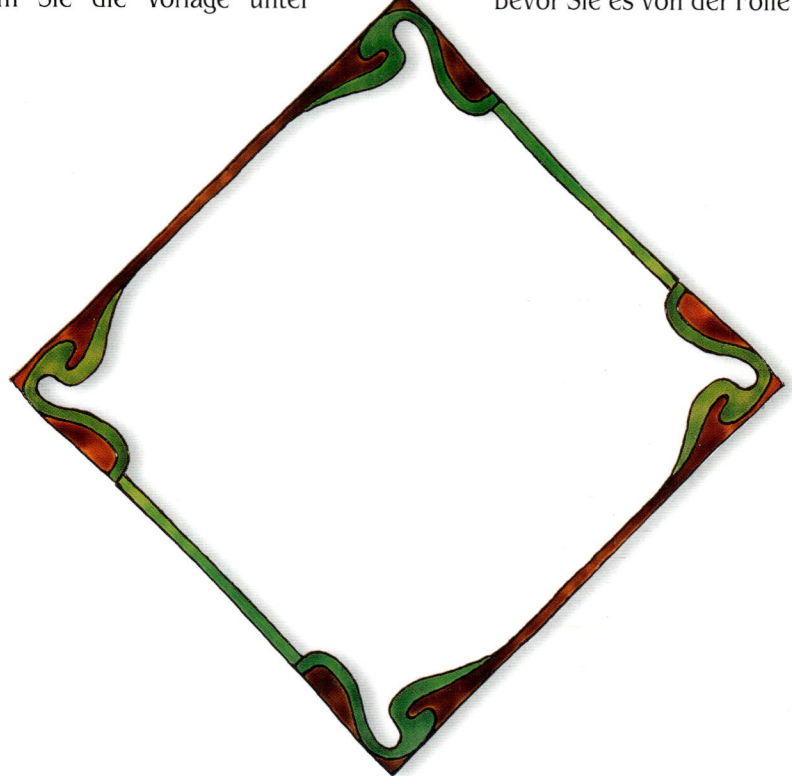

21. Frau mit roten Blüten

Material:

- Konturenfarbe in Schwarz
- Window-Color in Rot, Olivgrün, Hautfarbe, Weiß, Gelb, Hellbraun und Kristallklar
- Schaschlikspieß
- evtl. leere Plastikflasche zum Malen

Anleitung:

Legen Sie Ihre Malfolie über die Vorlage, und ziehen Sie alle Konturlinien des Motivs mit Konturenfarbe nach. Ist die Farbe getrocknet, kann mit der farbigen Ausgestaltung des Bildes begonnen werden. Hierzu sollte ein Schaschlikspieß verwendet werden. Mischen Sie aus Gelb und Rot im Mischungsverhältnis 3:1 die Farbe für das Kleid. Sie können auch einen fertigen Farbton eigener Wahl verwenden. Die übrigen Flächen malen Sie gemäß der Abbildung aus. Die Zwischenräume werden mit Kristallklar gefüllt. Anschließend lassen Sie das Bild trocknen und ziehen es dann von der Folie ab.